Todos los libros de Linkgua Ediciones cuentan con modelos de Inteligencia Artificial entrenados por hispanistas. Pregúntale al chat de tu libro lo que desees acerca de la obra o su autor/a.

Para ebooks: Accede a nuestro modelo de IA a través de este enlace.

Para libros impresos: Escanea el código QR de la portada con tu dispositivo móvil.

Obtén análisis detallados de nuestros libros, resúmenes, respuestas a tus preguntas y accede a nuestras ediciones críticas generativas para una experiencia de lectura más enriquecedora.
La transparencia y el respeto hacia la autoría de las fuentes utilizadas son distintivos básicos de nuestro proyecto. Por ello, las respuestas ofrecen, mediante un sistema de citas, las fuentes con las que han sido elaboradas.

Hernán López de Yanguas

# Égloga de la natividad

Barcelona 2024
Linkgua-ediciones.com

# Créditos

Título original: Égloga de la natividad.

© 2024, Red ediciones S.L.

e-mail: info@linkgua.com

Diseño de la colección: Michel Mallard.

ISBN rústica ilustrada: 978-84-9007-518-0.
ISBN tapa dura: 978-84-1126-697-0.
ISBN ebook: 978-84-9897-828-5.

# Sumario

# Brevísima presentación

## La vida

Hernán Lopez de Yanguas (Soria, c. 1470-1540). España.
Fue maestro y sacerdote. Se le considera el padre literario de los autos sacramentales.

Égloga de la Natividad

Égloga de la Natividad

# Personajes

Acompañamiento
Aminta, dama, hermana del rey
Aurelio, galán
Clori, dama
Criado
Dante, galán
Diana, diosa
Flora, dama
Irene, dama, infanta de Egnido
laura, dama
Lidoro, galán
Malandrín, gracioso
Música
Nise, dama
Rey de Chipre
Venus, diosa

# Égloga

Égloga nuevamente trovada por Hernando de Yanguas en loor de
la Natividad de Nuestro Señor, en la cual se introducen cuatro
pastores, cuyos nombres son Mingo Sabido, Gil Pata, Benitillo,
Pero Panza; los cuales, informados de los ángeles cómo Cristo
era ya nacido, vienen le [a] adorar y ofrecen sus dones, y Nuestra
Señora da las gracias. Y llega Mingo Sabido tañendo una gaita
y dice:

Mingo Sabido        Las gaitas, guitarras, rabés repiquemos,
y las cherumbelas muy huerte tangamos,
cordojos, rencillas de nós despidamos,
y brincos, corcobos y saltos echemos.
Los hatos y migas y burras dejemos
quitemos las tristes capillas de nós,
que nuevas ay, nuevas: ¡Ques nacido Dios!
¡Gil Pata, Gil Pata! ¡Ven, ven y bailemos!

(Entra Gil Pata tañendo una guitarra y dice:)

Gil Pata        De mucho gasajo que traigo comigo
no puedo tenerme, que no dé corcobos;
no temo leones, ni grifos, ni lobos,
seguro está el hato del mal enemigo.
Acá estás tú, Mingo; bien vengas, amigo,
que, ¡voto a sant Pabros y a diez verdadero!
que diz ques nascido tan claro lucero
que viene a las gentes poner en abrigo.

(Replica Mingo.)

Mingo Sabido

Pues eso, Gil Pata, yo ya lo he callado,
que estando migando, encima una cumbre,
vi que salía tan clara una lumbre
que, en vella, del todo me hizo espantado.
Estaba el cielo tan pintoparado
y así relumbraron las Siete Cabrillas
que bien demostraron haber maravillas
del sancto mozuelo ques Dios encarnado.

(Aquí llega Benito tañendo un arrabé y llamando.)

Benito

¡Hao! ¿Quién está [a]cá? ¡O, Dios acre-
ciente
tambïén aquí, regloto de mesta!
Apuesto que saben acá desta fiesta,
que muy de repasto se huelga esta gente.
¡Ha, Mingo Sabido! ¡Gil Pata, Cremente!
¿No sta [a]cá alguno de los de mi hato?
¡Ha, Urrasco Ropero! ¡Ha, Gil Garabato!
Quizá habrá Dios parte, si alguno no siente.

(Responde Gil Pata.)

Gil Pata

¿Quién llama? ¿Quién grita? ¡O, hermano
Benito,
échame toste priado la mano!
Alegre semeja que vienes, hermano,
que vienes pintando con tu rabelico.

Benito

Aún si supieses, Gil Pata bendito,
razón que tenemos de dar zapatetas,

¡juro a sant Cuerno! que tus agujetas
quebrases bailando, tu poco a poquito.

(Gil Pata replica.)

Gil Pata          Quizás yo barrunto, tu huerte alegría
de dónde rebienta, Benito carillo;
apuesto que sabes también del chiquillo
que dicen que virgen y madre lo cría.
Ésa es la cuenta, ¡pardiós, da [a]cá vía!
Andemos con grita y placer una danza,
llamemos si viene por ay; Pero Panza,
aquel que en las bodas de mengua tañía.

(Llama Mingo a Pero Panza.)

Mingo Sabido          ¡Ha, Pero Panza! ¿Por dónde rodeas?
¡Ha, zagalejo, de buen padre rico,
según Dios le hizo, de ruin y de chico!
Pardiós, Benitillo, que apenas lo veas...
¿Si anda por dicha por esas aldeas
haciendo barrunto por este muchacho?
Juro a mi vida que tarda gran cacho.
¿No vienes, Pidruelo? ¿Por dónde paseas?

(Entra Pedro Panza tañendo un tamborín y responde.)

Pedro Panza          Hem[e] aquí, vengo, no grites si quies,
que, ¡voto a san Basco!, despúes que partí
con nuevas chapadas, carillos, que oí;
nunca más pude tener estos pies.
Acá pues, vosotros, ¿qué nuevas tenés?

Que allá, por encima de los encinares,
garzones volando pasaban a pares.
¡Qué cosas chillaron, que os encantarés!

(Prosigue.)

Yo ¡pardiez!, Benito, que tuve temor
en ver que era gente venida del cielo;
a pocas estuve que no di en el suelo,
según me metieron de grande el pavor;
mas ellos dijeron "Escucha pastor",
y aun casi hablaron grámata o latín
y, claro te digo, dijeron al fin
puer natus est nobis, el gran Salvador.

Benito          ¿Allá rebolaron también los garzones,
por cima tu hato, majada y mastines?
Pero ¡Tomá si volaron! Rezaron maitines,
tocaron sabuchas, cantaron canciones;
no ay nadi que oyera, Gil Pata, sus sones
que aunque no obiera bailado morisca,
que en medio el cellado, revuelto en ven-
    tisca,
no diera mil vueltas y mil saltejone[s].

Gil Pata          Tú sabes de cierto, Domingo Sabido,
la cuenta y quillotro del son que á pasado.

Mingo Sabido          Sábete hermano, por mal del pecado,
que un niño que dicen ques Dios á nascido.

Pedro Panza          ¡Dichosa la madre que tal á parido!

Mas, dime [e]n qué parte nasció tanto bien.

Mingo Sabido      En nuestra aldehuela, llamada Betlén,
en un pesebrejo se huelga tendido.

Gil Pata      Agora yo digo que ay paz en la tierra,
y paz en el cielo y paz en el mar,
y paz en los hatos de nuestro lugar,
y paz en los valles y paz en la sierra:
las armas lucidas y cosas de guerra,
corazas, arneses, puñales y espadas,
en hoces y rejas serán ya tornadas;
quien no me creyere presuma que yerra.

(Benito replica.)

Benito      ¿Quién tiene, Mingo, poder tan entero
que pueda las armas vedar y malicia?

Mingo Sabido      Este mozuelo, ques Sol de justicia,
que sin ser, las cosas las sabe primero.

Benitillo      Seyendo tan niño es ya tan artero
que pueda en justicia las gentes tenellas;
quien hizo los cielos, planetas y estrellas
¿no cuidas que puede ser bien justiciero?

Pedro Panza      Yo digo ques hijo de rey y ques rey
según que lo cüentan sus profecías;
el mesmo sagrado, bendito Mesías
que está prometido venir en la ley.

Gil

> Aunque no quieras, Pidrüelo crey
> que deste mochacho nos dijo Ysaá
> que virgen su madre lo concebiría,
> que salvos hiciese los hatos y grey.

(Benito, contra el diablo.)

Benito

> ¡Remésate y gime, nefando Plutón!
> ¡Aúllen tus cortes y gentes guineas
> que cerca te vienen tan crudas peleas
> do pierdas tu reino, bandera y pendón!
> ¡Y tú, marinero ya viejo, Carón,
> desmaya, no esperes el viento de popa!
> ¡Y tú, can trifauce, tan sola la sopa
> de marras no atiendas para colación!

Mingo Sabido

> Venido es aquel que la berga de Arón
> hizo que fuese tornada serpiente,
> la cual se tragó, si quies que lo cuente,
> las otras culebras delante Faraón.
> Éste a Nabuco, potente varón,
> bajó de su estado e diole retorno;
> éste libró los niños del horno
> y all asna le hizo quejar su pasión.

(Gil Pata, contra el diablo.)

Gil Pata

> Los santos profetas allá donde están
> llamando al divino Mesías prometido,
> tú lleva la nueva, Plutón, ques venido,
> que cesen sus penas, dolores y afán;
> y sepan de cierto que ya gozarán

del campo florido que llaman Eliso.
El cual este niño para ellos lo quiso
que presto sus ojos ansí lo verán.

(Pedro Panza, contra el diablo.)

Pedro Panza       Venida es, venida, tu gran perdición,
al mundo es llegada segura la vida.
Nascida es, ¡a hotas!, tu muerte cumplida.
Da gritos y llantos, del duelo te pon,
ya cese la rueda voltear a Ixión,
siéntese encima Sisifo del canto,
los buitres no coman del hígado tanto,
conozcan que ay nuevas de admiración.

Mingo Sabido      Venido es aquel que, carillos, mandó
al Sol que en el medio del cielo parase,
hasta que su capitán se vengase
de los cinco grandes, que al Sol sojuzgó.
Éste es aquel que la hambre domó
daquellos leones do estaba Daniel;
Éste dio libres a los de Israel
cuando a pie seco la mar los pasó.

Benitillo         Según que, carillo, barrunto yo ya,
tomando la cuenta que agora me dices,
éste es aquel que llovió codornices
allá en el desierto, con dulce maná
a cabo de rato. Mirá, que os dirá
según su poder eso es muy poquito;
más son las cosas que hizo en Egipto
sacando su pueblo de captividad.

(Prosigue las plagas de Egipto.)

Estando su pueblo captivo, subjecto
al duro Farón, pasando tormentas,
volvió este mozuelo las aguas sangrientas,
que no quedó pece, ni branco ni prieto.
Allí dio las plagas, terribles de aspecto:
granizo, langostas, mosquitos y ranas,
y nieblas palpables y muertes y sañas,
do bien se mostraba potente y perheto.

Mingo Sabido

   Éste es aquel que de fin y de daños
libró los dos sanctos, Enoc con Elías.
Éste no es otro que al rey Ezechías
en fin de su vida le dio largos años.
Éste destruye los vicios y engaños,
y dio nuevo hijo a la vieja madre,
y quiso tentar con él a su padre,
do están mil misterios metidos, estraños.

Gil Pata

   Mas, ¿cómo es posible, zagal agudillo,
que aqueso que cuentas creerte podamos?
Yo quiero que entremos en cuenta, veamos,
declárame, agora, si quies, un puntillo:
yo veo questa noche nació este chiquillo,
y eso que rezas ha más de mil años;
aquesos milagros tan hondos, tamaños,
¿en qué tiempo pudo hacerlos, carillo?

(Responde Mingo Sabido.)

Mingo Sabido        No pienses, Gil Pata, quel niño jocundo
que agora de carne se muestra vestido,
puesto que agora nos aya nascido
que no es más viejo quel cielo profundo;
no tiene principio ni tiene segundo,
que, aunque lo veas nascido entre nós,
comienza [a] ser hombre, mas es y fue Dios,
que hizo los cielos estables y mundo.

(Benito pregunta a Pedro Panza.)

Benito                ¿Tú sabes, Pidruelo, su casta dó mana,
si es de linaje de nobres y buenos?
Pero No pienso yo cuanto que puede ser
  menos,
según es su madre de fresca y galana,
mas díganos Mingo de dónde trasmana.
Mingo Sentaos un cachuelo, que cuenta
  haré;
mirad por las habas la cuenta a la llana.
Según deste niño la cuenta me dan,
que hijo le llaman también de David,
nasce del tronco, mirad y sentid,
del padre de muchos, llamado Brahán
y deste buen viejo nasció muy galán
Ysac deseado, de Sarra, su madre;
el cual, mira, Pedro, de Cara su madre,
del niño Jacob, según hallarán.
Prosigue Jacob ovo un hijo, cual Judas
  nombró,
el cual engendró Farés y Zarán,
Farés ovo a Esrón, Esrón ovo [a] Arán,

a Aminadab Arán le engendró,
y de esta manera la cuenta pasó
que d[e] Aminadab descende Nasón,
el cual tuvo un hijo, llamado Salmón,
Salmón hizo un niño, que Boz le llamó.
Prosigue Boz ovo a Obet, Obet a Jesé.
Jesé fue su padre del sumo profeta;
el cual David fue, por senda no reta,
su padre del hombre que más sabio fue,
la madre del cual decían Bersabé.
Aquésta ovo un nieto, mas no fue de Urías,
llamado Roboán y padre de Abías,
el cual ser su padre de Asá juraré.
Prosigue Fue Josafat su hijo de Asá,
que padre del nombre Jorán se decía;
el cual Jorán era su padre de Ozía,
abuelo de aquel que dijeron Joatá.
No cambio palabra, mirá cómo va:
Joatam ovo [a] Acaz por su reta vía,
el cual fue su padre, de aquel Ezechía
de quien Manasés nasció, ¡soncas ha!

(Prosigue.) Después Manasés fue padre de Amón,
Amón ovo un niño, por nombre Josía.
Josía fue padre de aquel Jeconía
que nasció pasando para Babilón;
¡par Dios que va buena la generación!
Que aquel Jeconías gendró a Salatiel,
el cual fue su padre, de Zorobabel,
de quien nació Abiud, chapado varón.

(Prosigue.) Abiud ovo un niño, nombrado Icachín,
que fue dicho padre de Azor a la clara,
del cual Azor, cierto Sadoc se desvara,

para que dende sea padre de Achín.
Estad bien atentos, vayamos al fin,
que Achín a Eliud curó de engendrar;
Eliud fue su padre, de aquel Aleazar
que hizo a Mathán, yo apuesto un florín.

(Prosigue y acaba.) Aqueste Mathán, yo os juro a mi vida
según la Vangelio, de vero cantó,
que fue dicho padre del santo Jacó,
el cual fue suegro de aquesta parida;
h[e] aquí la cuenta ya casi cumplida,
mas porque ninguna cosilla discrepe,
su esposo daquésta se llama Josep[e],
que poco a su esposa, te juro la olvida.


(Benitillo demanda que sume cuántos son todos los que á dicho.)


Benitillo            ¿Pues cuántos son Mingo, la cuenta dis-
                     puesta
                     de aquese linaje que cuenta de Dios?


Mingo Sabido         Prázeme hermano; son uno, son dos,
                     son tres, cuatro, cinco, seis, siete por ésta,
                     y dos que son nueve y diez son con ésta
                     y tres que son trece y tres disiséi,
                     y cuatro son vente, Gil Pata, ¿no vey?,
                     y tres ventetrés, contemos la resta.
(Prosigue.)          Con dos que aquí pongo ya llega la cuenta
                     a son ventecinco; y tres son venteocho;
                     ¡escucha, Pidruelo, cabeza de tocho!
                     Con dos perezuelas ya entramos en trenta,
                     no ay nadi, Benito, que bien no lo sienta.
                     Con cinco que pongo, que son trentacinco,

y seis que me quedan, ¡pardiós, que me
  brinco!,
que hallo que ay uno de más de cuarenta.


Gil Pata          Al son de la cuenta que aquí nos ás dado
de aqueste bendito, lucido mozuelo,
holgando me [é e]stado en medio este suelo,
la boca de un palmo, del todo pasmado.


Pedro Panza       ¡O, Dios poderoso, celente, sagrado!
Mas, ¿qué le movió tomar carne humana?


Mingo Sabido      Dicen, Pidruelo, que una manzana
que Adán se tragó del fruto vedado.


Gil Pata          ¡O, santa que canta, mal trago tragó!
Tragara una landre, que más sano fuera,
que no que la gente por eso perdiera
la gracia del cielo, que entonce perdió.


Mingo Sabido      Pues mira, Gil Pata, muy bien en qué vo,
y desto que digo ninguno se asombre:
que en solo por eso, hacerse Dios hombre,
más grolla que pena la culpa ganó.
(Prosigue.)        No temas, carillo, los hondos estanques,
lagunas Estigias del turbio Cucito:
mediante la muerte daqueste chiquito,
en ellas yo ago que no te abarranques.
Sus pasos te aviso que sigas y tranques
y a Él ni a su Madre no hagas injurias,
que mal siglo tienen las tre[s] bravas Furias,
las cuales, te juro, con esto las manques.

Benitillo         Dichosos, yo pienso, serán los ganados
questán derramados por este desierto;
el gran Minotauro contalde por muerto,
y todos los otros soberbios criados.
De almagre bermejo serán almagrados
los hatos que apastan por esta montaña
y los desmandados traerá a su cabaña,
do hallen los pastos floridos, sagrados.

Pedro Panza      Ya quen la tierra tan gran rey tenemos
tú, Mingo, ¿qué piensas que viene a buscar?
Después que más crezca, ¿a dó irá a parar?;
¿a dónde endereza sus barcos y remos?

Mingo Sabido     Yo pienso que viene a ver los estremos:
pastores, ovejas, cabañas y hatos;
los pastos costosos hacerlos baratos
a su propia costa, según lo veremos.

Gil Pata         Yo pienso y magino que aqueste lucero
los tristes palacios plutonios, oscuros,
hará despojados, quebrando los muros
do está nuestro padre penando primero;
y al can espantable, muy torvo Cerbero,
que sorbe y se traga sus bravas gargantas
haréle que cierre sus bravas gargantas,
de hambre le mate, seyendo portero.

Benitillo        Ya, pues, que aquí estamos, ¡sus,
sus, despachemos!
y cada cual lleve cosillas que dalle.

Pongamos todos, carillos, en talle,
para, en llegando, que luego bailemos.
Y a su virgen madre manteca llevemos,
para que al niño le hagamos miguitas.
Y quien se treviere llevar más cositas,
si solo no puede, también le ayudemos.

Pedro Panza      Razón es, zagales, buscar invenciones
y solenizarle con ánimos ricos,
pues éste summó los pueblos inicos,
a do procuraron maldad los varones.
No viene con maza domando leones,
que por otro modo proceden sus fines,
éste se sirve de los querubines,
arcángeles, tronos y dominaciones.

Mingo Sabido     Mediante la gracia daqueste zagal
al bravo gigante sobraba David
los osos, leones domaba en la lid,
guardando los hatos allá en el jaral.
Éste a la dueña la hizo ser sal
por sola una vuelta que dio a la cabeza:
quien no mira en Él y en esto estropieza,
no puede, carillos, librar sino mal.

Benitillo        No cayo en la cuenta quién es la parida,
ni puedo acertalla, ni puedo sabella.

Mingo Sabido     Sábete, hermano, ques una doncella
sin vicio ni daño, muy sancta nacida.

Benitillo

    Pues tú, Mingo amigo, si quies, por tu
    vida,
ansí sant Domingo te libre y te vala,
que digas, que apuntes quién es la zagala,
que asmo que debe ser toda polida.

Mingo Sabido

    Yo digo y apunto, ¡escucha acá, ruin!,
entiende la cuenta, si quies, a la llana:
sábete quésta nació de sant Ana,
su padre dichoso llaman Joachín.

Pedro Panza

    ¡O, Dios, ques su hijo, le dé buen maitín!
Diz questa doncella ques muy repolida...

Mingo Sabido

    Tomalde los dichos, jamás fue nascida
ninguna que sepa mirar su chapín.

Gil Pata

    Es flor de hermosas, de sanctas primor,
de vírgines fuente, de gracias dechado,
estrella de norte, gran huerto cerrado,
paloma sin hiel, de todas mayor,
es prima de todas, de todas es flor,
de quien Salomón escribe sonetos.
Sus hechos y dichos, en todos perfectos,
remedio y jarabe de nuestro dolor.

Benitillo

    Verás si es remedio de nuestra ventura,
por quien Dios nos hace tan gran beneficio;
que Dios para Sí la crió dab inicio,
que punto no tuvo que ver la Natura.
y allende que tiene tan clara figura,
es toda virtuosa, que dos cosas son

que tarde se juntan en un talegón,
en nuestros rabaños, por nuestra ventura.


Pedro Panza      Es esta María ancila divina,
beata entre todas las generaciones,
humilde dechado de las perfeciones,
a quien la jactancia jamás no la empina.


Gil              Ésta es la fresca, gentil clavellina,
y lirio del valle, florida azucena,
preciosa, sagrada, princesa serena,
vergel de virtudes y flor sin espina.


Benitillo        Yo, Mingo Sabido, saberlo quisiera,
cómo ha quedado del parto perheta.


Mingo Sabido     Eso es cosilla, Benito, secreta,
mas yo la barrunto ser desta manera:
si el Sol entra y sale por una vidriera
sin punto dañarla, crebar ni herir,
mejor pudo Dios entrar y salir,
dejándola virgen como antes lo era.


(Aquí llegan a donde ella está y pide albricias Pedro Panza porque
la ve primero.)


Pedro Panza      ¡Albricias, albricias, de nuestro deseo!
¡Huy! ¡Ha! ¡Juro a diez! ¡Carillos, her-
    manos!
¡Dam[e] acá toste priado esas manos,
que yo me la..., yo me la..., yo me la veo!

Benitillo          Mira qué dices, que no te lo creo.
                   ¿Qués della, qués della, la madre del rey?


Pedro Panza        ¡Mírala, hétela, cátala, vey!
                   ¿Y no la conoces en ver su meneo?


Gil Pata           Cansados, ¡o, Virgen, señora!, llegamos
                   los hatos dejamos y burras y aperos,
                   venimos, graciosa doncella, por veros;
                   de hinojos en suelo, aquí te adoramos.
                   Mas ya que tamaña merced alcanzamos
                   en verte parida de Dios infinito,
                   para que puedas criar tu mocito,
                   recibe, señora, lo poco que damos.


(Ofreció Benito y dice.)


Benito             ¡O, madre sagrada del Niño divino
                   que todas las cosas criadas crió!
                   Ofrézcote, Virgen, aquí luego yo
                   cuchara, colodra, salero de pino
                   y mándote un borro grosero y un fino:
                   perdona, Señora, mi pobre presente.
                   Y al Niño divino suplico, humilmente,
                   que guarde mi hato del lobo malino.


(Ofrece Gil Pata.)


Gil Pata           Yo, Reina del Cielo y Madre y doncella,
                   te ofrezco esta rueca sin copo, chapada,
                   y mándote el manso y la borra manchada
                   y tres rezentales que pacen con ella.

Y al Niño, que mama tu teta tan bella,
mándole un tarro, que sorba, de leche,
y un par de vellones, en quel mesmo se eche;
y más: para migas de sebo una pella.

(Ofrece Pero.)

Pedro Panza          Yo no sé qué darte, bendita Señora,
ni sé con qué pueda servir el Infante
mas antes que nunca daquí me levante,
te mando tres borros que maman agora.
Pues eres de todos tan gran valedora
y a Dios tus amores bajaron del cielo
sey, Virgen, mi amparo, mi bien, mi con-
   suelo,
para que sepa Dios Padre dó mora.

(Ofrece Mingo Sabido.)

Mingo Sabido         Yo no sé qué pueda, doncella bendita,
dar sin vergüenza, si bien lo percato;
ofrézcote, virgen graciosa, mi hato,
cayado, caldero y zurrón, todo a hita.
Y a Ti, Niño sancto, de gracia infinita,
que tienes el mundo metido en la palma
ofrézcote el cuerpo y mándote el alma,
y mientra que viva, de vicio me quita.

(La Virgen a los pastores.)

Virgen               El Niño divino promete la gloria,
pastores, en pago de vuestros presentes.

Llevad buenas nuevas a todas las gentes,
que habéis visto clara la mesma vitoria.
Tened en el Niño, ques Dios, la memoria,
y no r[e]celéis los trancos del lobo;
y vuestras ovejas no teman el robo,
según lo verés por cosa notoria.


Mingo Sabido    Si sabés de mósica alguna cosilla,
cantemos en grita aquí todos yuntos.


Gil    ¡Tomá, qué pregunta! Sé todos los puntos
del Sol, fa, mi, re, que habrás maravilla.


Mingo Sabido    Y tú, Pero Panza, ¿en tono de villa
sabrás chillar algo aquí, si te yuntas?


Pedro Panza    ¡Mirá qué donoso, qué necias preguntas!
Sé todos los tonos con [su] subidilla.
(Prosigue.)    Y tú, Benitillo, ¿harásnos ayuda
con voz agudilla, bailando la danza?


Benitillo    Yo ¡par diez!, que cante diapente y mu-
tanza
y al canto de güérfano yo le saguda
octavas, novenas, con voz bien aguda,
¡por alto los pies, que habrás gasajado!,
y corchos y breves, tú pierde cuidado,
con máxima y longa yo hago que acuda.


Gil Pata    Chapémosle agora sonetos, canciones,
y ande la trisca subida con saltos,
que suenen las voces por cima los altos.

Pedro Panza   Parece, Gil Pata, que en orden te pones;
tú mira, carillo, que no desentones,
aguarda que en falta ninguna caigamos.
A este divino mozuelo sirvamos,
que no come cosa sino corazones.

Mingo Sabido   ¡Pues ande la danza aquí alrededor!
Trabemos todos muy bien de las manos,
con gestos alegres, jocundos y ufanos,
comience la musa, con dulce primor.
Y lleva, Gil Pata, si quies, el tenor;
tú frísale al tripe, Benito, las martas;
tú di, Pero Panza, requintas y cuartas,
que yo diré luego la cuentra y major.

(Villancico.)   ¡Ha, Gil Pata!
¿Qués, carillo?
¡Pero Panza!
Hamos aquí una danza
por servir este chiquillo.
Demos zapatetas, saltos,
cada cual con su respingo;
haz una vuelta, tú, Mingo,
vayan los corcobos altos.
¡Paso, paso!
¿Qués, carillo?
Ten crianza,
no desconciertes la danza
por servir a este chiquillo.
Ande en compás el bailar,
con chapadas castañetas,

vayan las voces perhetas,
que suene bien el cantar.
Digo, digo, da gritillo.
Con mudanza,
ande derecha la danza,
por amor deste chiquillo.
Da [a]cá toste, ese caldero,
sopemos huerte las migas,
hinchamos estas barrigas.
Sopa tú, Mingo, primero.
¡Traga, traga, Benitillo
con tempranza!
Demos ya fin a la danza
tornemos al ganadillo.

Fin de la farsa

Segunda Égloga de la natividad

# Personajes

Servicio
Deseo
Esperanza
Joseph
La virgen

# Égloga

[falta un folio]

Servicio

¡Huyhá! si veniese por dicha Deseo,
¡huyhó! qué respingos daríemos los dos;
¡huyhá! desque sepa ques nascido Dios,
qué saltos y vueltas hará, según creo.
¡Huyhá! juro al mundo, ¡huyhó! yo lo veo,
¡huyhá! quiero dalle, ¡huyhó! buenas voces
¡Huyhá! ¡Llega llega, carillo, que goces!

Deseo

¡Huyhó! ¡Heme, vengo, con huerte co-
rreo!

Servicio

Di, h[ao], ¿vienes solo sin mas compañía,
va[rón] as alguno que em pos de ti suene?

Deseo

[Mira], Servicio, mi esposa dó viene,
[vesti]da de verde, con gran alegría.

Servicio

Jurando a mi vida, que yo juraría
que nada percanzas de lo que yo sé.

Deseo

Yo no sé qué sabes, mas yo juraré
que sé ques parida la virgen María

Servicio

Asmado me dejas, carillo, de vero,
¿a dó percalaste ya nueva tan alta?

Deseo

No sé, a la mi fe.

Servicio                         ¿Mas dónde?

Deseo                                     No falta.

Servicio        Pues dímelo agora sin ser rehertero.

Deseo           Apenas lo puedo decir aunque quiero,
                que, ¡dóme a los sanctos! questoy amedrido
                de ver en el aire volar lo que [é] vido.

Servicio        Pues no me lo niegues, si quies, compa-
                ñero.

Deseo           Mi esposa Esperanza, que nunca dormía,
                más á de mil años guardando el apero,
                estando esta noche velando en l'otero
                vio ciertos lumbrones más claros quel día,
                y luego, a desora, con mucha porfía,
                sacóme del sueño questaba roncando
                y vimos venir un ángel cantando
                el cual me metió muy gran medrosía.

Servicio        ¿No sabes, por dicha, ya cualque razón
                de las que cantaba?

Deseo                             ¡Mirá que pregunta!
                La gloria decelsis decía toda junta,
                que obieras descanso de oír su canción.

Servicio        ¿Qué señas portaba consigo el garzón?

Deseo                     Venía repicado de prósperas alas
                          y allende traía mil pares de galas.

Servicio                  Las mismas señales del que yo vi son.

(Prosigue.)

                              Pues llama, Deseo, tu esposa Esperanza
                          y todos tres vamos a ver nuestro bien,
                          que aquel garzón dijo que estaba en Betlén
                          y, ¡soncas!, haremos delante una danza.

Deseo                         Bien dices, Servicio, par Dios, sin dudanza
                          quiero gritalle, que urgulle los pies:
                          ¡Esposa Esperanza!

Esperanza                                     Acá soy, ¿qué quies?
                          Que aballes priado sin mas quillotranza.

(Aquí llega Esperanza.)

Esperanza                     ¡Dios salve, Dios salve! Chapados zagales,
                          abrazaros quiero muy huerte, sin vicio:
                          primero a Deseo, después a Servicio,
                          en señas de cómo son muertos los males.

Servicio                  Tú seas bien llegada, con nuevas reales.

Deseo                         ¡Y qué tan reales! Si bien las supieses,
                          por cierto Servicio, por sabellas dieses
                          no digo un cordero, mas tres rezentales.

Servicio        Podrá ser acaso, que ya yo barrunto
                todo el quillotro de tu regocijo.


Esperanza       ¿Qués lo que tú entrujas?


Servicio                              Que tiene ya hijo
                la esposa del viejo.


Esperanza                          No marras un punto.


Deseo           Yo cuento al diabro por más que defunto:
                que le aprovecha hacer caracol.
                Venido es al mundo el ínclito Sol,
                Sol de justicia, ques Dios y hombre junto.


Servicio        Será bien que vamos a verlo trotando
                que en nuestra aldegüela, Betlén de Judea
                según que [lo] dijo el profeta Michea
                está de l[a Vir]gen el niño mamando.
                Lleve[mos] algunas cosillas en bando
                en nuestros zurrones, que allá le dejemos,
                ques pobre la Virgen, según la veremos.


Deseo           Pues sea como dices y vamos andando.


Servicio        ¿Tú sabes el niño de qué casta mana,
                si es de abolororios de nobles y buenos?


Deseo           No pienso yo cuanto que puede ser
                    menos,
                según es su madre de fresca y galana;
                mas diga Esperanza de dónde trasmana.

| Esperanza | Tú, soncas, lo sabes, esposo Deseo. |
| --- | --- |

| Deseo | Si os praze que diga, según que Matheo, |
| --- | --- |
| | pardios que lo cuente de muy buena gana. |

| Servicio | Ea, cuéntalo pues, que quedas están. |
| --- | --- |

| Deseo | Sentaos un cachuelo y atentos oíd. |
| --- | --- |
| | Este mozuelo es hi de David |
| | y dicen que viene del padre Abraam. |

| Esperanza | Prosigue por orden la cuenta que dan. |
| --- | --- |

| Deseo | Abraam hovo a Isac en Sarra su madre, |
| --- | --- |
| | el cual Isac fue legítimo padre |
| | del noble Jacob, según hallarán. |

(Prosigue el libro de la generatión.)

> Jacob hovo un hijo, que Judas nombró,
> el cual engendró a Farés y Zarán,
> Farés hovo a Esrón, Esrón ovo [a] Arán,
> a Aminadab Arán le engendró,
> y desta manera la cuenta pasó,
> que de Aminadab descendió Nasón,
> el cual hovo un niño, llamado Salmón,
> Salmón iten otro, que Boz se llamó.
>   Boz hovo a Obet, Obet a Jesé.
> Jesé fue su padre de David profeta;
> el cual David fue, por senda no reta,
> su padre del hombre que más sabio fue,

la madre de aquéste decían Bersabé.
la cual hovo un nieto, que no fue de Urías,
llamado Roboán y padre de Abías,
el cual ser su padre de Asá juraré.

   Fue Josafat su hijo de Asá,
que padre del noble Jorán se decía;
el cual Jorán era su padre de Ozía,
agüelo de aquel que dijeron Joathá.
No cambio palabra, mirad cómo va:
Joathán hovo [a] Acaz por su recta vía,
el cual fue su padre, de aquel Jeconía
de quien Manasés nasció, soncas ha.

   Después Manasés fue padre de Amón,
Amón hovo un hijo, por nombre Josía.
el cual fue su padre de aquel Jeconía
que nasció pasando para Babilón;
¡par Dios que va buena la generación!
Que aquel Jeconías gendró a Salatiel,
el cual fue su padre, de Zorobabel,
de quien vino Abiud, chapado varón.

   Abiud hovo un niño, por nombre Eleachín,
el cual fue su padre de Azor a la clara,
del cual Azor claro Sadoch se repara,
para que dende sea padre de Achín.
Estad bien atentos, vayamos al fin,
que Achín a [El]iud curó de engendrar;
el cual f[ue su] padre, de aquel Eleazar
que hiz[o a ]Matán, te apuesto un florín.

   Aqueste Matán, yo juro a mi vida
según la Vangellio, de vero cantó,
que fue dijo padre del santo Jacó,

el cual fue su suegro de aquesta parida;
h[e] aquí la cuenta ya cuasi cumplida;
mas porque cosilla ninguna discrepe,
su esposo de aquésta se llama Josepe,
que poco a su esposa, te juro la olvida.


Servicio          ¿Pues cuántos son todos, la cuenta di
                  presta
                  de aquesos que dices que trae carne Dios?


Deseo             Prázeme hermano; son una, son dos,
                  son [tres,] cuatro, cinco, seis, siete con ésta,
                  y dos que son nueve y diez son por ésta,
                  y tres que son trece y tres diez y ses,
                  y cuatro son vente, Servicio, ¿no ves?,
                  y tres ventetrés, contemos la resta.
                  Con dos que aquí pongo ya llega la cuenta
                  a sus ventecinco; y tres son ventocho;
                  ¡escucha, Servicio, cabeza de tocho!
                  Con dos perezuelas entramos en trenta,
                  no ay nadie, Esperanza, que bien no lo
                  sienta.
                  Con cinco que pongo, que son trenta y
                  cin[co],
                  y siete que quedan, ¡par Dios, que me
                  brinco!,
                  que hallo que ay dos de más de cuarenta.


Servicio          De otra manera, de más luenga vía,
                  Lucas me daba la cuenta despacio
                  de todo el quillotro de su generacio.
                  Contrario a Matheo, por orden subía,

de suerte, carillos, que Lucas dicía
el viejo Joseph ser hijo de Helí,
Helí de Mathá, Mathá de Levi,
Leví de Melchí, según pr[oce]día.
    Melchí fue su hijo mayor de Jané,
Jané de Joseph, Joseph de Mathía,
Mathía fue de Amós, [segú]n infería,
Amós de Naún por ord[en] vinié.
Nahún por su hijo de Heslí se tinié,
Heslí de Nagé, Nagé de Mathá,
Mathá a Mathathía por padre lo ha,
después Mathathía fue hi de Sem[é.]
    Semé de Joseph estem[a] traía,
Joseph de Judá, Judá de Jhoaná,
Joaná tovo el padre llamado Resá.
De Zorobabel Resá descendía,
y Zorobabel de claro nascía
del buen Salatiel, ques hi de Nerí.
Nerí de Melchí, según yo sentí,
Melchí por su padre a Adí conocía.
    De Adí fue su hijo Chosán.

Esperanza                              Pudo ser.

Servicio          Chosán de Elmadán legítimo hu,
Elmodán de Her, y Her de Jesú
-no deste Jesú que venimos a ver-
Jesú fue su hijo del buen Heliezer,
y el buen Heliezer fue hi de Jorí,
Jorí de Mathá, Mathá de Leví,
Leví de Simeón curó descender.
    Simeón tovo el padre por nombre Judá,

Judá de Joseph, fue hijo a la fin,
Josep de Joaná, Joaná de Heliachín,
Heliachín su hijo del noble Melchá;
iten, Melchá fue hi de Mená,
Mená a Mathathá por padre tenía,
el cual Mathathá de Mathán descendía,
Mathán de David, David de Jesá.

(Prosigue.)  Jesé fue de Obeth su hijo notado,
Obeth fue de Boz, y Boz de Salmón,
Salmón tovo un padre llamado Nasón,
de Aminadab Nasón fue engendrado,
y Aminadab de Arán fue manado,
Arán fue de Esrón, Esrón de Farés,
Farés de Judá, según hallarés;
Judá de Jacob, según é mirado.

Jacob fue de Isac por hijo tenido,
Isac de Abraam y Sarra la vieja,
la cual arrugada tenía la pelleja
cuando tan hijo parió a su marido.
De aquí comenzaste, zagal resabido,
según san Matheo tu cuenta a contar,
mas yo, miefé, hermano, no quiero parar
hasta que el número vaya complido.

Del padre Abraam fue hijo Tharé,
Tharé de Nacor, Nacor de Sarú,
Saruc claramente manó de Regú,
Regú de Falec legítimo fue,
Falec por su padre a Heber poseié
Heber a Salé por hijo se inclina,
Salé se le humilla por padre a Caína,
Caína [a] Arfajat por padre sirvié.

Arfajat claro fue hijo de Sen,

a Sen engendro aquel que en el arca,
encima las aguas, anduvo por barca,
al cual quiso Dios dejar en rehén.

Esperanza     Aquése fue solo, carillos, de quien
todos nosotros origen traemos,
y si majuelos o viñas tenemos,
él solo merece las gracias le den.

Servicio     Aquéste por nombre Noé se llamó,
Lamech fue su padre, principio de bien,
el cual fue su hijo, de Mathusalén,
aquel que más días de todos vivió,
y Mathusalem de Enoch procedió,
Enoch de Jared fue hi tan fiel
que Dios papo a papo se vido con él
y nunca después jamás paresció.
     Jared fue su hijo de Malalahel
y Malalahel fue hi de Cadina,
Cadina de Enos, persona muy dina.
Enos fue de Set, querido doncel,
Set, miefé, carillos, fue hermano de Abel,
el hombre segundo que hovo entre nós,
Adam fue su padre, al cual hizo Dios
de un poco de barro, sin otro pincel.
     H[e] aquí la cuenta, cumplida y exenta
como á venido en Dios a parar:
de Dios adelante no hay más que notar:
Dios mana de Dios y en Dios se aposienta.

Deseo     ¡Ea! Cuenta las piedras, Servicio, y re-
cuenta,

que, soncas, que tienes gran rima o montón.

Servicio      Ahotas, yo juro que antoja que son,
si bien las oteo, al pie de "soventa."
      Una, dos, tres, y dos que son cinco,
y cinco son diez, y dos que son doce,
-no ay nadie, si gusta, que desto no goce,
que yo, de gasajo, contando me brinco-
mas sobre las doce, tres guías que hinco
que llegan a quince, más dos dicesiete
y dos que son vente.

Deseo                        Heraste, mocete.
que una te marra.

Servicio                  Pues yo la propinco.
      Ya tengo cabales, sin falta ninguna
vente chinillas, en nombre de Dios:
añado otro par, que son ventedos
y tres ventecuatro.

Deseo                        Erraste a la "funa."

Servicio      ¡Qué gran contador te hizo fortuna!

Deseo      Acaba, despacha las guijas en breve.

Servicio      Pongo otro cuatro que son ventenueve,
más otra son trenta, que nada repuna.
      Parece que siempre la rima se aumenta
aunque ya tengo las trenta contadas;
pues antes de cacho serán acabadas:

y todos sabremos la suma "desenta."

Deseo          Prosigue, Servicio, sin miedo ni afrenta.

Servicio       A mí me repraze, sin daros revés;
añado a las trenta encima otras tres
que son trenta y tres, y siete cuarenta.
   Más ocho que añado, aquí de rondón
son cuarenta ocho, y dos son cinqüenta,
y más cinco pares, que cumplen sesenta,
ya, miefé, se apoca la numeración.
Ya quiero dar fin, ques mucha razón,
sobre sesenta más pongo otras diez
y seis que me quedan: yo hallo esta vez
que seis y setenta las chinillas son.

Deseo          Juro a mi vida que la desposada,
la cual trae origen del tribu Judá,
que no ay en el mundo quien no sienta ya
que viene de buenos y es bien parentada.

Esperanza      No puede ser menos, pues fue conservada
de Dios para Dios, de allá de ab initio,
que punto ni arte ni parte de vicio
en ella no pudo jamás ser hallada.
   Mas sabés, hermanos, que ha parecido
de entrambas las cuentas de genealogía
que no habéis en ellas nombrado a María,
de cuyas entrañas el niño ha salido,
y puesto que en ellas nombráis su marido,
y Matheo concluya su cuenta con él
y Lucas la suya, comience por él,

él no tiene parte del niño nascido.

(Prosigue.)    Ansí que querría que aquí se contase
la línea derecha de aquesta parida,
y que le diésemos clara salida
hasta que en ella la cuenta parase.

Servicio     Si alguno la sabe bien es que la tase.

Deseo      Yo no sé el camino, por tanto no habro.

Esperanza    Pues quiero deciros lo que dice el Fabro:
hacé de manera que nada se os pase.

(Prosigue.)    David, rey guerrero, profeta y cantor,
entre otros hijos varones que tovo,
de Bersabé consta, carillos que hovo
a Salomón sabio, de todos mayor.
Aquéste en el reino quedó succesor,
de cuya familia Joseph descendió,
y esto Matheo muy bien lo contó
según está dicho, por claro tenor.

(Prosigue.)    Hovo otro hijo David, que llamó
Natán, varón sancto de vida perfeta,
no es este Natán Natán el profeta.
aquel que la muerte de Urías pronunció.
De aqueste Natán después procedió
otra familia que no fue real,
de donde esta virgen que no tiene igual
de unos en otros por orden manó.

(Prosigue.)    La genealogía por tal orden va:
Natán, este hijo menor de David,
fue padre, carillos, notad bien y oíd,
de otro que suelen llamar Mathathá,

y Mathathá tovo por hijo a Mená,
Mená fue su padre de Melchá a la fin,
Melchá, iten, hovo por hijo a Eleachín,
Eliachín fue padre después de Joná.

(Prosigue.)  Joseph de Joná después procedió,
Judá de Joseph, Simeón de Judá,
de Simeón, Leví, de Leví, Mathá,
de Mathán Jorí por orden salió,
de Jorín el buen Eliezer sucedió,
Joseph de Eliezer, y Er de José,
de Er Esmodán origen trayé,
de Esmodán Cosá después emanó.

De Cosán fue hijo, carillos, Adí,
de Adí fue Leví, que no marra traste,
y aun tú, según Lucas, ansí lo contaste:
después de Leví fue hijo Melchí,
de Melchí Panter manar entendí,
Panter bisagüelo fue desta doncella,
Barpanter su agüelo, por orden fue della,
y Joachín su padre, no ay más, juro a mí.

De suerte que desde David a María,
por este linage del noble Natán,
dos veces doce no más hallarán,
contando por orden la genealogía.


Servicio  La cuenta que as dado, yo bien juraría
que lleva camino que cuadre y recuadre.


Deseo  Y di, ¿sabes algo de par de su madre?


Esperanza  Yo sé que fue sancta.

Deseo                          Yo ansí lo creería.


Esperanza                                          [ -ías]
                                                   [ -ales]
                    Seis son y no menos los primos carnales
                    de aqueste sagrado bendito Mesías,
                    dichosa su madre, sus primos y tías.


Deseo                   Dichosa es España, si claro se siente,
                    pues quiso en Galicia poner un pariente
                    que libre las gentes de mil agonías.


Esperanza              Estos parientes de gran perfection
                    todos proceden de par de su madre,
                    que, miefé, carillos, de parte del padre,
                    no ay quien enarre su generación.
                    El Padre y el Hijo iguales se son
                    en todas las cosas, ninguno se asombre,
                    excepto en aquésta, que quiso ser hombre
                    para librarnos del triste Plutón.
(Prosigue.)            Si el Padre es immenso, eterno, perfeto,
                    sencillo, increado, creador sin letijo,
                    lo mismo se canta del Neuma y del Hijo;
                    en los atributos aquí no me meto.
                    Y si me preguntas aqueste secreto
                    de dónde y por dónde lo alcanzo y lo sé,
                    digo que aquesto pregona la fe
                    que va de contino por trámite recto.


Servicio               Si por fe te riges, no tengas recelo
                    que puedas un punto salir de camino,
                    porqués un piloto que va de contino

rigiendo la nave con próspero velo.
Lleva los ojos contino en el cielo
y aun, soncas, penetra las cosas de allá,
y como las cuenta después por acá
debemos creerlas con férvido celo.

(Esperanza replica.)

Esperanza        El Padre, carillos, es engendrador,
y génito el Hijo del Padre que puede,
el Néumate Santo dentrambos procede,
y todos tres juntos no es más de un Señor.
El Padre no es Hijo, notá este primor,
persona distinta es el Neuma de tres,
mas lo que es el Padre, el Hijo lo es,
y el Neuma eso mismo, un ser y un amor.
        Y con este amor divino y profundo,
según nuestra [fe l]o tie[ne] y lo funda,
imbió Dios su Hijo, persona segunda,
el cual de la Virgen oy nace en el mundo.

Servicio         ¡O nueva venida, descenso jocundo!
¡O Virgen preciosa que tal mereciste,
pues en tus entrañas aquel concebiste
que en cielos ni tierra no tiene segundo!

Deseo            De aquesta doncella dicía Salomón,
llamándola toda hermosa y muy bella,
que no había ningunas mancillas e[n] ella,
ni falta ninguna, ni diminución.
Santa y bendita en su concepción,
quel original no pudo llegalle.

Servicio        Juro a mi vida que pata no aballe
                hasta que pruebes tan ardua razón.


Deseo           La razón es clara, si es bien entendida,
                está bien atento, que no se te pase.
                Antes que Dios el cielo criase
                tenía ya esta virgen por madre elegida:
                si Adá[n] por su mísera y triste caída
                dejó del origen la culpa que mana,
                no pudo en la hija tocar de sant Anna,
                que antes quél fuese ya estaba exemida.
(Otra razón.)        Si vemos acá que un artificial
                que finge figura de masa aportuna,
                si para sí forma de aquéllas alguna
                que siempre la pinta muy más especial,
                cuánto más pudo el rex eternal,
                artífice summo, hacer a su esposa,
                y entre las sarzas criar una rosa
                que en todo y por todo excede al rosal.


(Servicio pregunta.)

Servicio        En la concepción de aqueste zagal,
                el cual desta virgen agora nació,
                ¿tú sabes, carilla, di, quién entendió,
                pues no tuvo parte persona mortal?


Esperanza       Eso más claro se está quel cristal.


Servicio        Pues di, no lo niegas, no tomes espanto.

Esperanza          Digo quel Padre y el Néumate Santo,
                   y el mesmo nascido, ques rey celestial.
(Prosigue y compara.)          Si occurren tres cosas a un punto y
                         sazón
                   en una vihuela, ninguna no en parte,
                   las cuerdas, los dedos y, a medias, ell arte,
                   y todas tres cosas producen un son,
                   ansí en la vihuela de la perfición,
                   ques Nuestra Señora, vergel de humildad,
                   concurrió el consejo de la Trinidad,
                   obrando el misterio de la Incarnación.


Deseo              De otra gran cosa, secreta y subida,
                   que sé ques verdad me pasmo entre nós,
                   mas donde entreviene la gracia de Dios
                   por grande que sea no ay cosa que impida;
                   y es cómo ante y después de parida
                   virgen la Virgen y Madre quedó.


Esperanza          Por claros ejemplos os probaré yo
                   que pudo bien ser sin ser corrompida.
(Prosigue           Si entra la vista perfecta y entera,
comparando.)       pasando el objecto que dan los antojos,
                   sin que reciben peligro los ojos
                   ni menos aquéllos por do sale fuera;
                   si el Sol iten entra por una vidriera,
                   sin cosa dañarla, quebrar ni herir,
                   mejor pudo Dios entrar y salir
                   dejando a su Madre tan virgen como era.
(Prosigue.)         Quien hizo la verga culebra tornarse
                   y el mar en carreras patentes abrirse,
                   las aguas de Egipto en sangre vertirse,

la zarza encenderse mas nunca quemarse;
quien hizo la burra de su amo quejarse,
y más, cuarenta años llovió dulce fruta
bien pudo su madre dejar incorruta.


Servicio          Par Dios que tu pruebas, no pueden ne-
                  garse.


Deseo             Dóme a los sanctos quel negro Plutón,
                  señor del infierno, sagaz fraudulento,
                  que no se contente con el nascimiento
                  de aqueste que nasce por su perdición;
                  y aquel su barquero, terrible Carón,
                  que pasa las almas por túrbido charco,
                  bien puede las velas romper con el barco,
                  según yo barrunto, por mi discreción.


Servicio          Y el can que reguarda los quicios y
                    puertas
                  del triste profundo con anchas gargantas,
                  tragando las almas profanas y sanctas,
                  ya puede cerrallas y darlas por muertas;
                  las aguas Estigias serán ya desiertas,
                  secarse an las ondas del río Flegetón,
                  las Furias crueles, que allá dentro son,
                  ya deben sus muertes tenellas por ciertas.


Esperanza         Y aun los que en el seno del fiel Abraán
                  han padecido tan luengos tormentos,
                  bien pueden agora vivir recontentos,
                  que presto ya fuera de allí se verán.
                  Gócese el padre de todos, Adán,

y por muy dichosa su culpa se tenga,
pues á sido causa que Dios acá venga
para librarnos a todos de afán.

(Deseo pregunta.)

Deseo     Primero que aqueste mocito naciese,
di, hao, Esperanza, si sabes un punto;
¿hovo algún hombre que hoviese barrunto
y su nascimiento por cierto toviese?

Esperanza    Si todos aquéllos decir te supiese
questán esperando su sancta venida,
la cuenta sería muy tarde complida.

Servicio     Pues dinos de alguno que dél escribiese.

Esperanza    Daniel y Jonás, Osee, Jheremías,
Ageo con Amós, Nahún, Ezequiel,
Baruch, Sofonías, Micheas y Joel,
tanbién Abacuch, y más Zacharías;
sintiólo Esaías, tanbién Malachías,
David, Salomón, Balán y otros tantos,
y en sus escrituras vigüelas y cantos
hicieron memoria con sus profecías.
 Las sibillas todas no ay nadie que lea
que claro no sienta que déste dijeron,
puesto que en partes diversas nascieron,
si bien sus palabras el seso rodea:
Pérsica, Líbica, Samia, Cumea,
Frigia, Hellesponcia, con la Tiburtina,
Délfica y más la Cumana fue digna
decir deste niño, tanbién la Erithea.

Servicio        Agora yo digo ques cierto llegada
                [la edad qu]e dec[ía] Cum[an]a Sibilla,
                pacífica, iusta, florida, tranquilla,
                de hierro muy duro tornada en dorada.
                La justicia torna muy acompañada
                que había muchos años que andaba huida,
                ya nueva progenie del cielo es venida,
                la cual á gran tiempo que estaba esperada.


Deseo           Ya, miefé, la tierra sin más se labrar
                dará pan y vino, [co]n yerbas graciosas:
                yedras, cantuesos, madroños y rosas,
                lirios, zucenas, en cada lugar.
                Las cabras y ovejas podrán bien andar
                entre los lobos paciendo seguras
                en silvas estrañas, sombrosas, oscuras,
                aunque Saturno no vuelva a reinar.


Esperanza       Las yerbas nocivas, de malos humores,
                ya, soncas, se secuan, su fuerza se pierde;
                el campo del mundo se para ya verde
                con montes y valles, collados y alcores
                Asirios Amomos y dulces olores
                redundan y espiran por bosques y tierras:
                la paz vencedora ya mata las guerras
                y las serpientes perdrán sus vigores.


Servicio        Los pies me rebuellen por ser ya llegado
                a ver el mocito doquiera que está.


Deseo           Cerca debermos estar, miefé, ya

de nuestra aldehuela, ya veo yo el poblado.

Esperanza            Parece que suena canticio acordado
                     en el portalejo de nuestra vitoria:
                     ¿no oyes?

Deseo                         Si, oyo.

Esperanza                              ¿Que cantan?

Deseo                                        La Gloria.

Servicio             ¿Quiés que respondamos?

Deseo                                   Sí, soncas, de
                     grado.

(Aquí entonan los ángeles la Gloria y responden los pastores en
canto de órgano, y, después de acabada, dice Esperanza.)

Esperanza            ¡Ea, alzá los ojos, esposo Deseo,
                     si quies ver la Virgen y los del cantido!

Deseo                ¡O, Madre preciosa! ¿No miras, Servicio?

Servicio             Sí, miro y remiro.

Deseo                                  ¿Pues vesla?

Servicio                                 No veo.

Esperanza            Pues vuelve los ojos acá de rodeo.

Servicio          Ya vuelvo.

Esperanza                        ¿Pues vesla?

Servicio                                    Ya, ya, ya la he visto.
¡O, Madre de Dios, esposa de Cristo,
por madre de Dios te adoro y te creo!

Deseo          Lleguémonos más, si quies, Esperanza,
porque más cerca del Niño gocemos.

Esperanza          Bien dices, Deseo.

Servicio                              Pues, sus, aballemos,
hagámosle todos muy gran humillanza

Deseo          ¿Quién sabe más puntos aquí de crianza?

Servicio          Yo asmo que tú.

Deseo                              Yo no sé palabra.

Esperanza          ¿Pues cuál de vosotros comienza la habra?

Deseo          Servicio comience, ques quien más al-
canza.

Servicio          A mí me replace tomar tal estrena,
aunque me falta saber más que a vos.
¡O Madre sagrada del Niño ques Dios,
graciosa doncella, princesa serena!

Mi lengua enmudece con vista tan buena,
la humana flaqueza se turba a desora,
 mirando tu hijo divino, señora
que vien[e] a librarnos del yugo y cadena.


Esperanza
    Las nuevas sublimes, o Virgen, que oímos
en nuestras majadas a un ángel cantar
nos hacen los hatos y aperos dejar,
ansí como somos, a todos tres primos.
La gloria que desto, Señora, sentimos,
ya tú la puedes, o Reina, juzgar,
ansí que queremos tu hijo adorar.


Deseo
    A la fe, soncas, por eso venimos,
 y puesto, Señora, que somos pastores
y no te podamos dar rico presente,
ante de mucho vernán del Oriente
reyes a verte con dones mayores.
El Rey de los reyes, Señor de señores,
en brazos, ¡o Virgen Sagrada! le tienes.
Tu Hijo es la fuente de todos los bienes
y tú, sin ejemplo, la flor de las flores.


(Esperanza dice.)

Esperanza
    A éste tu Hijo, ques Dios sin segundo,
los reyes de España, no godos y godos,
sirvieron siguiendo sus artes y modos:
comienzo por Tulcas y por Cindosundo,
y los dos Fruelas, y el rey Recicundo,
y Bamba y Egita, Bitisa y Eurigo,
Acosta, Pelayo, Favilla, Rodrigo,

Mauregato, Silo y más los que fundo.

(Prosigue.)      A éste adoraron Aurelio y Gracía,
y Nuño Rasuera y Calvo Laínes
y todos holgaron en versus maitines,
cuando la Ygreja celebra su día;
y otro que Pedro por nombre tenía,
y los once Alonsos, floridos y agudos,
y los cuatro Sanchos, y los tres Bermudos,
y los cuatro Ordoños siguieron su vía.
    Los Ramiros tres doquiera que andaban
y los tres Enrriques y los Joannes dos
a este infantico tovieron por Dios,
y los tres Hernandos atrás no quedaban.

Deseo      Juro a mi vida, por bien que lo honraban
aquesos que as dicho, guardando su ley:
todos no igualan con nuestro gran rey,
en quien todos ellos sus famas acaban.

Servicio      Pues todos nosotros aquí le adoremos
a machamartillo, ¡sus, sus, sin dudanza!
Después de adorado con mucha catanza,
si os praze, carillos, quizas cantaremos.

Deseo      Pues, alto, ques tiempo, los pies le be-
samos,
e a su Virgen Madre, sagrada, bendita,
démosle todos alguna cosita.
Sea como dices y, ¡sus! comencemos.

(Ofrece Servicio.)

Servicio         ¡O Niño divino, más claro que Apolo,
criador de los cielos, planetas y estrellas,
que sabes los cursos y números dellas
y sobre los polos contornas el polo!
Ofréscote agora, sin fraude, yo solo,
aquesta collodra con esta manteca,
y, más, a tu Madre, le mando esta rueca
que hizo de azevo mi primo Bartolo.

(Ofrece Deseo.)

Deseo         Yo bien sé, lucero lucido, jocundo,
que por ti producen las plantas y rosas
y los elementos y las otras cosas,
que tú los criaste sin otro segundo;
ansí que, pues quieres nascer en el mundo,
para librarnos del iugo maligno,
ofréscote aqueste cordero muy fino,
y el cuerpo y el alma con cuanto percundo.

(Ofrece Esperanza.)

Esperanza         ¡O rey excellente! ¿Yo qué ofresceré
pues soy en las fuerzas asaz pobrecica?
Puesto que en verte só próspera y rica,
Servicio me falta, que no sé qué dé.
Por muy manifiesto lo tengo y lo sé
que vienes del cielo por nos redemir,
mas, pues que no tengo con qué te servir,
con la Caridad te ofrezco la Fe.

(Joseph a la Virgen.)

Joseph          Rescibe, Señora, los dones que ofrecen
aquestos pastores, con sobra de amor,
para que críes a tu Criador
por quien Sol y Luna y estrellas fulgecen;
y pues tan alegres a Dios obedecen
mostrando humildad con puras entrañas,
ante que vuelvan al hato y cabañas,
tú dales las gracias, que bien las merecen.

(Nuestra Señora.)

María          Del Niño, pastores, a quien adoráis
y adoran mis ojos y mi corazón
hayáis en el cielo tan buen galardón
cual gana en servirlo, pastores, mostráis,
y, mientre viviéredes, por doquier que váis,
vuestra salud carezca de daños
y gocéis el fruto de vuestros rabaños
sin que de Lobos recelo tengáis.

(Prosigue.)          Y yo de mi parte, pastores, os doy
mil gracias mezcladas con mi bendición.

Servicio          Podemos, carillos, llamarnos bien oy
de los más dichosos que fueron ni son.

Deseo          Y tú, viejo honrado, bendito varón,
questás negociando, serviendo a los dos,
mándanos algo.

Joseph                    Que os conserve Dios.
¿Y vos, Virgen Madre?

María                              Que os váis, que es razón.


Servicio            Nunc nos imbías, o madre muy fiel,
en gran plazentorio, gasajo, com paz,
porque viderunt los ojos la faz
de tu dulce hijo, precioso doncel.


Deseo              A todos los pueblos la venida dél
la lumbre les muestra de revelación.


Esperanza          Agora digamos alguna canción,
carillos, delante de nuestro Manuel.


Servicio            ¿Y vos, nobre viejo, haréisnos ayuda
en este quillotro de nuestro cantar?


Joseph             Sí, cierto, pastores.


Servicio                              Pues vi a comenzar,
y cada cual alto las voces percuda:
tú lleva, Esperanza, la voz más aguda,
Josep llevará muy bien los temblores,
yo quiero soplar las cuentras mayores;
requintas, Deseo.


Deseo                              Yo juro que acuda.


        "¡Ha Joseph!"
                    ¿Qué quies, zagal?
¡O qué dos!
¡Madre y Virgen, hombre y Dios,

qué cosa hu nunca tal!

   ¿Quién nunca tal cosa oyó,
que virgen parida sea
y que Dios hombre se vea?
¿Quién tan gran milagro vio?
¡O venturoso portal!
¡O qué dos!
¡Madre y Virgen, hombre y Dios,
que cosa hu nunca tal!

   Maginando me desvelo
secreto que aquí se encierra,
cómo Dios está en el cielo
y el mismo Dios en la tierra.
¡O misterio divinal!
¡O qué dos!
¡Madre y Virgen, hombre y Dios,
qué cosa hu nunca tal!"

(Diego Mesía de Aranda.)

Diego           Pasando por unas florestas ufanas,
bien lejos del alto y frondoso Parnaso,
vi nueve doncellas cantar en un raso,
trabadas las manos y todas hermanas.
Oí sus canciones, muy dulces y sanas,
las cuales alzaban sus manos a Dios,
y a voces decían, ¡o Yanguas! que vos,
que vos las habiádes tornado cristianas.
   Y en pago de aqueste tan gran beneficio,
por no ser ingratas a vuestra persona,

de hiedra y laureles os dan la corona,
como celosas de vuestro servicio.
La vena dorada que huye del vicio
como la vuestra, que en virtud florece,
corona y coronas, por cierto, merece,
y quien esto niega va fuera de quicio.


LAVS DEO


Fin de la égloga

# Libros a la carta

A la carta es un servicio especializado para
empresas,
librerías,
bibliotecas,
editoriales
y centros de enseñanza;
y permite confeccionar libros que, por su formato y concepción,
sirven a los propósitos más específicos de estas instituciones.
Las empresas nos encargan ediciones personalizadas para marketing editorial o para regalos institucionales. Y los interesados solicitan, a título personal, ediciones antiguas, o no disponibles en el mercado; y las acompañan con notas y comentarios críticos.
Las ediciones tienen como apoyo un libro de estilo con todo tipo de referencias sobre los criterios de tratamiento tipográfico aplicados a nuestros libros que puede ser consultado en Linkgua-ediciones.com.
Linkgua edita por encargo diferentes versiones de una misma obra con distintos tratamientos ortotipográficos (actualizaciones de carácter divulgativo de un clásico, o versiones estrictamente fieles a la edición original de referencia).
Este servicio de ediciones a la carta le permitirá, si usted se dedica a la enseñanza, tener una forma de hacer pública su interpretación de un texto y, sobre una versión digitalizada «base», usted podrá introducir interpretaciones del texto fuente. Es un tópico que los profesores denuncien en clase los desmanes de una edición, o vayan comentando errores de interpretación de un texto y esta es una solución útil a esa necesidad del mundo académico.
Asimismo publicamos de manera sistemática, en un mismo catálogo, tesis doctorales y actas de congresos académicos, que son distribuidas a través de nuestra Web.

El servicio de «libros a la carta» funciona de dos formas.

1. Tenemos un fondo de libros digitalizados que usted puede personalizar en tiradas de al menos cinco ejemplares. Estas personalizaciones pueden ser de todo tipo: añadir notas de clase para uso de un grupo de estudiantes, introducir logos corporativos para uso con fines de marketing empresarial, etc. etc.

2. Buscamos libros descatalogados de otras editoriales y los reeditamos en tiradas cortas a petición de un cliente.